Sibylle Howald

Das Leben der Ritter

Materialien für ein Stationentraining

4.-6. Klasse

Kopiervorlagen mit Lösungen

BRIGG Pädagogik

Gedruckt auf umweltbewusst gefertigtem, chlorfrei gebleichtem und alterungsbeständigem Papier.

2. Auflage 2010
Nach den seit 2006 amtlich gültigen Regelungen der Rechtschreibung

Originalausgabe © 2004 elk *verlag* AG, CH-Winterthur, www.elkverlag.ch
Sibylle Howald
Mittelalter – Das Leben der Ritter

Illustrationen: René Leutenegger

ISBN 978-3-87101-**326**-3 www.brigg-paedagogik.de

INHALTSVERZEICHNIS

INHALTSVERZEICHNIS

VORWORT

GRUNDSÄTZLICHES

Das vorliegende Stationentraining mit 25 Stationen ist für das 4. – 6. Schuljahr gedacht. Es ist im eigenen Unterricht entstanden und bietet Stoff für ungefähr 6–8 Wochen. Es soll die Schülerinnen und Schüler* zur selbstständigen Arbeit am Thema „Das Leben der Ritter" anregen; dabei ist das Stationentraining so angelegt, dass unterschiedliche Sozialformen (Einzelarbeit, Arbeit zu zweit/Partnerarbeit, Gruppenarbeit) zum Tragen kommen.
Im Klassengespräch wird gemeinsam reflektiert, wie die Schüler die Arbeit erlebt haben, wann und warum Schwierigkeiten aufgetreten sind und wie eine Lösung gefunden wurde.

VORBEREITUNG

1. Alle Arbeitsanweisungen zu den verschiedenen Stationen je einmal (z. B. auf farbige Blätter) kopieren, eventuell laminieren und für die Schüler gut sichtbar aufhängen.
2. Alle Arbeitsblätter im Klassensatz kopieren (von den freiwilligen Stationen entsprechend weniger, z. B. nur je einen halben Klassensatz).
3. Die Arbeitsblätter zuschneiden (falls sie ins Heft geklebt werden sollen).
4. Den Stationenpass im Klassensatz kopieren; dabei wird die Lehrerin oder der Lehrer* unterschiedliche Zielsetzungen für die Schüler setzen; die Spalte „Pflicht/freiwillig" wird nicht für alle gleich aussehen. Der Lehrer kann z. B. drei verschiedene Leistungsgruppen berücksichtigen oder er kann mit dem Kind individuell besprechen, was obligatorisch und was fakultativ zu lösen ist.
5. Das gesamte zusätzliche Material, das für die Ausführung der Arbeit an den Stationen benötigt wird, gut übersichtlich bereitstellen.
6. Lösungsordner für die Selbstkontrolle bereitlegen oder Lösungsblätter gut sichtbar im Klassenzimmer aufhängen.
7. Da bei den verschiedenen Aufträgen die Sozialformen wechseln, sollte ein Ort im Klassenzimmer bestimmt werden, an dem sich die Schüler einfinden können, wenn sie Lernpartner oder Gruppenmitglieder für einen Auftrag suchen. Damit ist auch gewährleistet, dass unterschiedliche Lerngruppen entstehen.
8. Im Voraus einen Zeitpunkt festlegen, an dem über die Arbeitsweise, eventuell auftretende Probleme und Lösungsansätze im Klassenverband diskutiert wird.

* Zur besseren Lesbarkeit werden von nun an die Bezeichnungen Schüler und Lehrer verwendet. Damit sind grundsätzlich Schülerinnen **und** Schüler sowie Lehrerinnen **und** Lehrer gemeint.

VORWORT

ORGANISATION

Die Schüler arbeiten selbstständig an den Stationen. Die Stationen 1–4 sind zuerst zu bearbeiten, weil sie die Grundlage für das Verständnis der weiteren Aufträge darstellen. Dann ist die Reihenfolge der Bearbeitung aber frei wählbar. Bei den meisten Aufträgen ist Selbstkontrolle möglich; dort, wo es individuelle Lösungen gibt, zeigen die Schüler ihr Blatt dem Lehrer.
Die ausgefüllten und korrigierten Blätter werden ins Heft geklebt (in diesem Fall müssen sie vorher zugeschnitten werden) oder in einem Ordner abgelegt.
Anspruchsvoll ist der Wechsel der Sozialformen. Es gibt Aufträge, die ein Schüler zuerst in Einzelarbeit löst; beim zweiten Teil arbeitet er aber mit einem anderen Schüler zusammen oder ist Mitglied einer Gruppe. Damit die Suche nach Gruppenmitgliedern oder Lernpartnern möglichst reibungslos funktioniert, wird ein Ort im Klassenzimmer festgelegt, an dem sich ein Schüler einfindet, wenn er weitere Schüler zur Bearbeitung eines Auftrags sucht. Damit ist auch gewährleistet, dass die Schüler mit unterschiedlichen Partnern zusammenarbeiten.

ABLAUF

Es ist sinnvoll, einen Zeitrahmen vorzugeben, in dem bestimmte Aufgaben bearbeitet werden müssen. Bei Klassen, die nicht gewohnt sind, selbstständig zu arbeiten, kann es helfen, die Stationen in der richtigen Reihenfolge lösen zu lassen. Es empfiehlt sich auch, zwischendurch die Stationenpässe zu kontrollieren. Die Schüler machen im Stationenpass ein halbes Kreuz bei der Arbeit, die sie beginnen. Wenn die Arbeit erledigt und korrigiert ist, darf das Kreuz vervollständigt und die Arbeit an dieser Station beurteilt werden (Selbst- und/oder Fremdbeurteilung).
Im Stationenpass ist auch ersichtlich, mit wem ein Schüler an einer Station gearbeitet hat. Da die Zusammenarbeit der Schüler wechselt und es immer wieder neue Lernpartnerschaften und Gruppen gibt, ist es wichtig zu notieren, welche Station mit wem absolviert wurde.
Das Feld „Bemerkungen" im Stationenpass kann vom Schüler oder vom Lehrer genutzt werden: Der Schüler notiert z. B., warum die Arbeit besonders gut geglückt ist oder welche weiterführende Aufgabe in diesem Zusammenhang noch interessant wäre. Der Lehrer kann einen Kurzkommentar zu einem vorgelegten Arbeitsblatt schreiben oder einen Tipp fürs Weiterarbeiten geben.

VORWORT

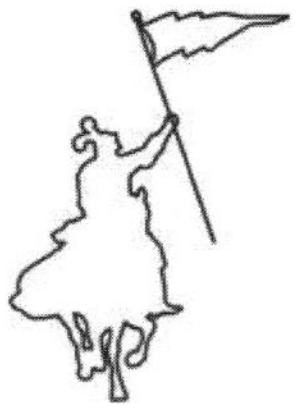

WEITERE IDEEN

Im Zusammenhang mit dem Thema „Das Leben der Ritter" gibt es viele Möglichkeiten, den Schülern das Thema näherzubringen:

- Eine Burg oder ein Schloss in der Region besichtigen.
- Als Einstieg oder Abschluss des Themas in der Klasse einen Videofilm anschauen.
- Zum Abschluss des Stationentrainings ein Ritterfest planen und feiern (vielleicht sind auch andere Klassen oder die Eltern eingeladen?).
- Im Deutschunterricht eine Klassenlektüre zum Thema „Leben auf der Burg" oder „Leben der Ritter" lesen.
- Das Thema eignet sich auch hervorragend, um ein kleines Theaterstück zu inszenieren, Kostüme zu nähen und Zubehör zu basteln.

Viel Vergnügen bei der Arbeit mit Ihren Schülerinnen und Schülern!

Sibylle Howald

Stationenpass – Das Leben der Ritter

Name:				
Station	**Pflicht/ freiwillig** (mit dem Lehrer vereinbaren)	**Lern-partner oder Gruppen-mitglieder**	**Datum**	**Bemerkung** (Schüler oder Lehrer)
1	P			
2	P			
3	P			
4	P			
5				
6				
7				
8				
9				
10				
11				
12				
13				

Stationenpass – Das Leben der Ritter

Name:

Station	Pflicht/ freiwillig (mit dem Lehrer vereinbaren)	Lernpartner oder Gruppenmitglieder	Datum	Bemerkung (Schüler oder Lehrer)
14				
15				
16				
17				
18				
19				
20				
21				
22				
23				
24				
25				

1 Arbeitsanweisung
Das Leben der Ritter

Arbeit zu zweit

Material:

Bildtafel **Das Leben der Ritter** (Seite 11)

Heft

Kärtchen oder Papierstreifen

Wandtafel oder Stellwand für die Fragen

Wandtafel oder Stellwand für die Antworten

Auftrag:

1. Betrachtet das Bild **Das Leben der Ritter**.
2. Erzählt einander, was auf dem Bild dargestellt ist oder stellt Vermutungen über diese Szene an.
3. Schreibt eure Feststellungen und eure Fragen auf die Kärtchen oder Papierstreifen (je eine Frage oder eine Feststellung auf ein Kärtchen).
4. Ordnet eure Kärtchen in zwei Gruppen: a) Feststellungen – b) Fragen.
5. Befestigt eure Kärtchen an der entsprechenden Stelle im Klassenzimmer (Wandtafel oder Stellwand).
6. Vergleicht eure Feststellungen und Fragen mit denen der anderen Zweierteams.

2 Arbeitsanweisung
Die Zeit der Ritter

Arbeit zu dritt oder zu viert

Material:

Informationsblatt **Die Zeit der Ritter** (Seite 13)

Heft

Auftrag:

1. Lest den Text genau durch.
2. Schreibt anschließend die sieben für euch wichtigsten Informationen des Textes in kurzen Sätzen auf. Falls ihr unterschiedliche Meinungen habt, begründet diese und versucht euch zu einigen.
3. Vergleicht eure Auswahl der wichtigsten sieben Informationen mit der Auswahl einer anderen Gruppe. Gibt es Ähnlichkeiten oder habt ihr ganz unterschiedliche Textstellen gewählt?

Die Zeit der Ritter

Ritter waren bewaffnete Reiter von niederem Adel. Heute gibt es keine Ritter mehr. Sie gehören in eine Zeit, die wir heute das Mittelalter nennen (500–1500 n. Chr.).

Man nannte Krieger Ritter, weil sie nicht zu Fuß kämpften, sondern auf dem Pferd als „Berittene“ in den Kampf zogen. Ritter waren also Berufskrieger, die ihrem Vorgesetzten (ein Dienstherr oder König) Treue geschworen hatten. Sie waren bald mächtig und angesehen, weil sie den zu Fuß kämpfenden Soldaten bei Weitem überlegen waren. Die Ritter waren eine Art Spezial- oder Elitetruppe, die eine Schlüsselrolle in den Machtkämpfen ihrer Dienstherren spielte.

Die Ritter entwickelten mit der Zeit ihre eigene Kultur, ähnlich wie der Adel, und lebten nach ritterlichen Idealen. Unter dem Einfluss christlicher Bildung wurde von ihnen höfisches und vornehmes Benehmen erwartet. Sie verbrachten ihr Leben ja schließlich auf den Höfen, das heißt, auf den Burgen und Schlössern.

Trotzdem waren die Ritter nicht unbedingt die besseren Menschen. Es gab auch solche, die vor Verrat, Raub und Erpressung nicht Halt machten.

Ab dem 11. Jahrhundert konnten die Ritter selbst Ländereien erwerben und wurden damit ihre eigenen Herren. Es gab auch sogenannte Ritterorden, die ihr Leben in den Dienst Gottes stellten.

Es war nicht so einfach, Ritter zu werden. Die Ausbildungszeit dauerte sieben Jahre und umfasste das Kriegshandwerk, den Umgang mit Pferden wie auch höfisches Benehmen.

3 Arbeitsanweisung
Die Erziehung zum Ritter

Einzelarbeit

Material:

Informationsblatt **Erziehung zum Ritter** (Seite 15) und Bildtafel **Das Leben der Ritter** (Seite 11)

Arbeitsblatt **Erziehung zum Ritter** (Seite 16)

Farbstift

Auftrag:

1. Lies das Informationsblatt genau durch und schau dir noch einmal das Bild von Station 1 an.
2. Unterstreiche wichtige Textstellen mit einem Farbstift und schlage unbekannte Wörter in einem Lexikon nach oder frage deinen Lehrer.
3. Wenn du den ganzen Text verstanden hast, fülle das Arbeitsblatt aus.
4. Gib das Blatt dem Lehrer zur Korrektur.

Erziehung zum Ritter

Im Alter von sieben Jahren kamen die Söhne der Adeligen aus der Obhut der Frauen in die des Vaters, Bruders oder eines befreundeten Ritters des Vaters. Wer weder Geld noch Grundbesitz besaß, konnte auch kein Ritter werden.

In den folgenden Jahren lernte der Knabe als Page (Edelknabe) die Grundfertigkeiten eines Ritters (Reiten, Jagen, Schießen, Klettern, Schwimmen, Springen, Kämpfen, Musizieren und anständiges Benehmen).

Im Alter von zwölf Jahren wurde ein Page zum Knappen. Der Bursche verließ jetzt die Familie und wurde auf die Burg eines erfahrenen Ritters geschickt. Dort erlernte der Knappe das Kriegshandwerk (Umgang mit Schwert und Lanze, Unterricht in ritterlichem Benehmen). Dabei musste er sich stets in unmittelbarer Nähe seines Herrn (des Ritters) aufhalten und durfte auch im Kampfe nicht von seiner Seite weichen.

Daneben hatte er aber auch andere Dienste für seinen Herrn zu verrichten, wie z. B. Gäste zu empfangen oder diese bei Tisch zu bedienen.

Die Ausbildung endete mit dem Tag der „Schwertleite". In einer feierlichen Zeremonie wurde der Knappe mit 21 Jahren zum Ritter geschlagen. Ein bewährter Ritter nahm den jungen Knappen in den Ritterstand auf, indem er ihm feierlich mit dem flachen Schwert auf den Nacken schlug. In einem Gelübde versprach der junge Ritter, sein Leben lang für Recht und Wahrheit zu kämpfen und seinem König treu und gehorsam zu dienen. Bei dieser „Schwertleite" erhielt der junge Ritter Waffen und goldene Sporen als Symbol des Rittertums.

Arbeitsblatt
Erziehung zum Ritter

Die Erziehung zum Ritter erfolgt in drei Stufen:

Zuerst wird ein Knabe ______________________________. Später wird er zum ______________________________ geweiht. Erst mit 21 Jahren wird er dann zum ______________________________ geschlagen. Die Zeremonie heißt ______________________________.

Beschreibe mit eigenen Worten die Zeremonie des Ritterschlags. Schaue das Bild dazu genau an. Wie sind Ritter und Knappe gekleidet? Wie ist die Haltung des Knappen? Was tut der Ritter?
Nimm auch Sachbücher zu Hilfe und lies dort nach, was über diese Zeremonie geschrieben steht.

____

____

____

____

____

Vom Pagen zum Ritter: Fülle die Tabelle aus.

	Alter	Tätigkeiten	Kleidung/Aussehen
Page			
Knappe			
Ritter			

4 Arbeitsanweisung
Die Schwertleite

Gruppenarbeit (4–6 Mitglieder)

Material:

Informationsblatt **Die Erziehung zum Ritter** (Seite 15)

Bildtafel **Das Leben der Ritter** (Seite 11)

Sachbücher über das Mittelalter

Auftrag:

1. Lest das Informationsblatt **Die Erziehung zum Ritter** gemeinsam genau durch und schaut euch noch einmal das Bild von Station 1 an.
2. Sucht in Büchern über das Mittelalter oder im Internet Beschreibungen zum Thema „Ritterschlag“ oder „Schwertleite“.
3. Spielt eine solche Schwertleite, indem ihr euch gedanklich in die Zeit des Mittelalters versetzt (Knappe, Ritter, Zuschauerinnen und Zuschauer).
4. Ihr präsentiert eure Szene der Klasse (Zeitpunkt mit dem Lehrer vereinbaren!).

5 Arbeitsanweisung
Die Rittermädchen

Einzelarbeit

Material:

Informationsblatt **Die Rittermädchen** (Seite 19)

Lineal, Farbstift

Lexikon

Heft

Auftrag:

1. Lies das Informationsblatt aufmerksam durch.
2. Schlage Wörter, die du nicht verstehst, im Lexikon nach.
3. Unterstreiche wichtige Textstellen mit dem Farbstift.
4. Schreibe den Text aus der Sicht der Burgherrin. Sie erzählt, wie sich das Leben der Mädchen auf der Burg abspielt, wie und was sie lernen.
5. Setze dann einen passenden Titel über deinen Text.

Die Rittermädchen

Anna sitzt in der Kemenate und webt. „Zum Glück bin ich ein Mädchen", denkt sie, „so kann ich hier in der warmen Stube sitzen und muss nicht frieren wie die Knaben."

Annas Mutter erzählt aus ihrem Leben als Mädchen:
„Das Lebensziel von uns adeligen Mädchen ist immer, dass wir einen adeligen Mann heiraten, Kinder bekommen und fähig sind, einen Burghaushalt zu führen.
Ich wurde auf der Burg meiner Eltern erzogen. Die wichtigste Lehrerin war meine Mutter. Sie lehrte mich die Handarbeiten: das Weben, Stricken, Nähen. Ich musste ihr viel im Haushalt helfen. Vor allem musste ich putzen lernen.
Unverheiratete oder verwitwete Frauen aus unserer Verwandtschaft wohnten auch bei uns. Manchmal brachten mir auch diese Frauen einige Handarbeiten bei. Dann wurde die Kemenate zum Schulzimmer. Während ich zum Beispiel Weben lernte, sangen wir häufig Lieder dazu oder die Frauen lasen mir Geschichten vor."

Mädchen waren im Mittelalter häufig gebildeter als Jungen, weil sie nicht selten lesen und schreiben lernten. Einige Mädchen konnten sogar Rittergedichte auswendig aufsagen. Da viele der beliebten Ritterromane in Englisch oder Französisch geschrieben waren, lernten sie manchmal sogar Fremdsprachen.

6 Arbeitsanweisung
Johanna von Orléans

Arbeit zu zweit

Material:

Informationsblatt **Johanna von Orléans** (Seite 21)

Sachbücher über das Mittelalter

Internet

Auftrag:

1. Informiert euch über Johanna von Orléans und die Befreiung von Orléans.
2. Diskutiert zu zweit: Wie ist es möglich, dass Johanna von Orléans für ihre so erfolgreiche Tat bestraft und hingerichtet wurde? Was könnte man ihr vorgeworfen haben? Stellt Vermutungen an.
3. Schreibt eure Vermutungen auf Zettel, die ihr gemeinsam mit denen anderer Zweier-teams gut sichtbar im Klassenzimmer anbringt.
4. Vergleicht eure Annahmen.
5. Wenn euch die Lebensgeschichte von Johanna von Orléans interessiert, dann schreibt mehr Informationen aus Lexika, Geschichtsbüchern oder aus dem Internet heraus.

Johanna von Orléans

Johanna von Orléans (1411–1431) ist heute eine französische Nationalheldin. Sie wirkte während des Hundertjährigen Krieges zwischen Frankreich und England.

Obwohl sie nie Mitglied des Ritterstandes war, stand sie als Heerführerin an der Spitze der französischen Truppen. Johanna glaubte sich von göttlichen Stimmen dazu berufen, Frankreich vor den Engländern zu retten und den rechtmäßigen König von Frankreich wieder einzusetzen.

Im Jahre 1429 befreite sie, die ein einfaches Bauernmädchen war, das von den Engländern belagerte Orléans. Sie führte die Franzosen in voller Rüstung in die Schlacht.

Johannas Einsatz war ein voller Erfolg. Durch die Befreiung von Orléans wurde die Siegesserie der Engländer in Frankreich gebrochen. Die französischen Soldaten fassten wieder Mut und die Engländer traten den Rückzug an. Johanna ist es zu verdanken, dass der französische Thronfolger Karl VII. als rechtmäßiger König anerkannt wurde.

Trotzdem wurde Johanna in einer verräterischen Aktion gefangen genommen. Sie kam vor ein kirchliches Gericht, wurde verurteilt und als Hexe verbrannt.

7 Arbeitsanweisung
Die Kinder der Ritter

Einzelarbeit

Material:

Informationsblätter **Erziehung zum Ritter** (Seite 15) und **Die Rittermädchen** (Seite 19)

Arbeitsblatt **Die Kinder der Ritter** (Seite 23)

Zeichenblatt A3 oder A4 (nach Wahl)

Schreibzeug, Farbstifte

Auftrag:

1. Lies die beiden Informationsblätter nochmals durch.
2. Beantworte die Fragen auf dem Arbeitsblatt. Versuche dich in die Welt der Ritter zu versetzen.
3. Zeichne auf das Zeichenblatt entweder einen Ritterjungen oder ein Rittermädchen bei einer typischen Tätigkeit.
4. Klebe das Arbeitsblatt ins Heft und zeige das Heft dem Lehrer.
5. Hänge deine Zeichnung im Klassenzimmer auf und schau dir an, was deine Mitschüler gezeichnet haben.

Arbeitsblatt
Die Kinder der Ritter

Auf den Informationsblättern „Erziehung zum Ritter“ und „Die Rittermädchen“ hast du erfahren, dass im Mittelalter Jungen und Mädchen ganz unterschiedlich aufwuchsen. Beantworte die folgenden Fragen:

Findest du es richtig, dass Mädchen ganz unterschiedlich aufwuchsen als Jungen? Warum / Warum nicht?

Welche Vor- und Nachteile hatten Mädchen?

Welche Vor- und Nachteile hatten Jungen?

Wärst du damals lieber ein Mädchen oder ein Junge gewesen? Warum?

8 Arbeitsanweisung
Ritterliche Tugenden

Einzelarbeit; dann Arbeit zu zweit

Material:

Arbeitsblatt **Die ritterlichen Tugenden** (Seite 25)

Schreibzeug

Heft

Auftrag:

1. Lies die ritterlichen Tugenden auf dem Arbeitsblatt durch.
2. Suche je ein Beispiel für die vier ritterlichen Tugenden und schreibe es jeweils in die Tabelle.
3. Überlege dir, ob diese ritterlichen Tugenden auch heute noch eine Bedeutung haben. Schreibe deine Meinung dazu ins Heft.
4. Suche einen Lernpartner und lies ihm deine Meinung vor.
5. Vergleicht und begründet eure Meinungen. Könnt ihr euch einigen oder seid ihr ganz anderer Ansicht?
6. Schreibe eine persönliche Rückmeldung ins Heft deines Lernpartners. Tauscht dann eure Hefte wieder aus.

Arbeitsblatt
Ritterliche Tugenden

Für den Ritter galten ganz besonders folgende vier Tugenden:

1. Treue gegenüber seinem Herrn
2. Schutz für alle Schwachen
3. Respekt gegenüber den Frauen
4. Mut und Tapferkeit in allen Lebenslagen

Überlege dir zu den vier ritterlichen Tugenden je eine Situation, in der der Ritter diese Haltung auch beweisen kann. Schreibe die Beispiele in die Übersicht.

1. Treue	2. Schutz für Schwache
3. Respekt gegenüber den Frauen	4. Mut und Tapferkeit

9 Arbeitsanweisung
Rüstungen früher und heute

Arbeit zu zweit

Material:

Bildtafel **Rüstungen früher und heute** (Seite 27)

Arbeitsblatt **Rüstungen früher und heute** (Seite 28)

Schreibzeug

Auftrag:

1. Vergleicht den Hockeyspieler mit dem Ritter in der Rüstung.
2. Sucht Ähnlichkeiten und Unterschiede.
3. Füllt das Arbeitsblatt aus.
4. Lest einander die „Merkt-euch-Sätze“ mehrmals vor, bis ihr alle sechs auswendig könnt.

Rüstungen früher und heute

Eine Rüstung im Spätmittelalter

Eine moderne Rüstung

Arbeitsblatt
Rüstungen früher und heute

Vergleicht den Ritter mit dem Hockeyspieler. Was fällt auf? Denkt an Unterschiede und Gemeinsamkeiten.

____

____

____

____

____

Welche Vorteile hatten Ritterrüstungen, z. B. gegenüber Hockeyausrüstungen? Warum mussten solche Rüstungen getragen werden?

____

____

____

____

____

Merkt euch:

- Die Ritterrüstungen wogen zwischen 20 kg und 40 kg.
- Auch die Rüstungsmode änderte sich; sie wurde bequemer und leichter.
- Die Materialien, aus denen Rüstungen hergestellt wurden, waren Eisen und Stahl.
- Rüstungen waren kompliziert herzustellen; sie waren aus vielen Einzelteilen, z. B. kleinen Platten, zusammengesetzt, sodass sie Beweglichkeit garantierten.
- Der Ritter konnte die Rüstung ohne fremde Hilfe anziehen.
- Die Ritter schwitzten in ihren Rüstungen stark.

10 Arbeitsanweisung
Die Teile einer Ritterrüstung

Einzelarbeit

Material:

Arbeitsblatt **Die Teile einer Ritterrüstung** (Seite 30)

Sachbücher zum Thema Ritter

eventuell Internet

Auftrag:

1. Verschaffe dir einen Überblick über das Thema Ritterrüstungen mithilfe der Bücher und/oder des Internets.
2. Fülle das Arbeitsblatt aus.
3. Kontrolliere dein Ergebnis im Lösungsordner und zeige das Blatt deinem Lehrer.

Arbeitsblatt
Die Teile einer Ritterrüstung (15. Jahrhundert)

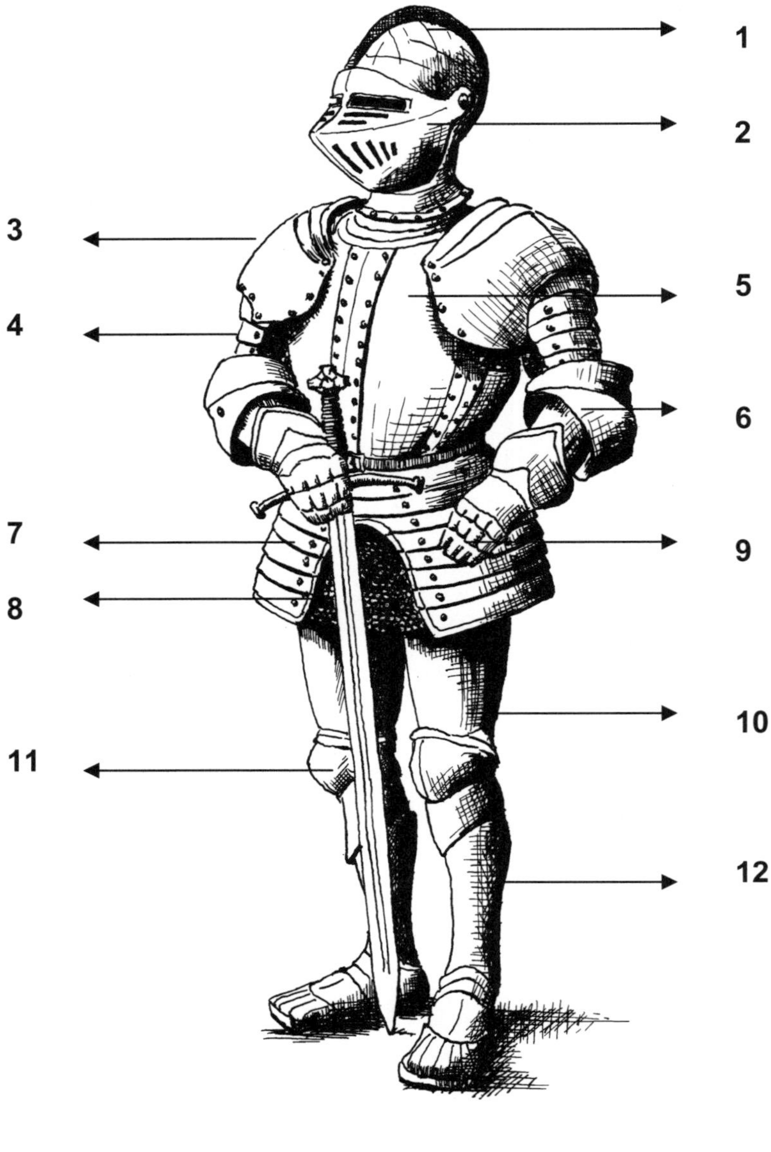

____ Armzeug

____ Kniekacheln

____ Visier mit Sehschlitzen

____ Achselstücke

____ Beinröhren

____ Ellbogenkacheln

____ Helm

____ Brustpanzer (Harnisch)

____ Beinzeug

____ Bauchreifen

____ eiserne Handschuhe

____ Kettenhemd

11 Arbeitsanweisung
In einer anderen Welt

Einzelarbeit; dann kleine Gruppe

Material:

Schreibzeug

Heft

Auftrag:

1. Stell dir vor: Du stehst im Museum vor einer Ritterrüstung. Plötzlich geht die Fantasie mit dir durch ... Was erlebst du wohl als Ritter?
2. Stell dir die Situation genau vor.
3. Schreibe eine Geschichte und finde einen passenden Titel.
4. Bildet eine kleine Gruppe und lest einander eure Rittergeschichten vor.

12 Arbeitsanweisung
Die Last einer Rüstung

Einzelarbeit

Material:

Notizpapier, Bleistift

Rucksack mit schwerem Inhalt (vorbereiten)

Auftrag:

1. Setze dir den Rucksack auf oder lasse ihn dir vom Lehrer aufsetzen.
2. Laufe ein wenig mit dem Rucksack umher und stelle dir vor, du seist ein Ritter und müsstest dieses Gewicht stunden- und tagelang herumtragen.
3. Notiere dir einige Eindrücke deines Erlebnisses als „Ritter".

13 Arbeitsanweisung
Ritterkämpfe

Arbeit zu zweit

Material:

Bildtafel **Ritterkämpfe** (Seite 35)

Informationsblatt **Ritterkämpfe** (Seite 34)

Arbeitsblatt **Ritterkämpfe** (Seite 36)

Schreibzeug

Sachbücher über das Mittelalter

Auftrag:

1. Schaut euch die Bildtafel genau an und lest das Informationsblatt über die verschiedenen Ritterkämpfe.
2. Unterstreicht wichtige Stellen im Text.
3. Schaut in Büchern nach, ob ihr Bilder von solchen Kämpfen findet.
4. Lest auch in den Büchern über solche Kämpfe nach und sammelt weitere Informationen.
5. Füllt das Arbeitsblatt aus.
6. Korrigiert das Arbeitsblatt mit dem Lösungsteil und zeigt es dem Lehrer.

Ritterkämpfe

Schlachten

Wenn Krieg herrschte, kämpften die Ritter für ihre Burg. Manchmal ging es bei Schlachten sehr brutal zu. Die Gegner wurden niedergemetzelt und Land und Gebäude wurden verwüstet. Meistens kämpften die Ritter auf Pferden, manchmal gab es auch Fußkämpfe.

Turniere

Turniere fanden in Friedenszeiten statt. Hier übten die Ritter für den Ernstfall. Turniere waren gespielte Reiterschlachten mit stumpfen Waffen. Auf die Lanze wurde das Turnierkrönchen gesetzt, um die Gegner nicht zu verletzen. Turniere waren fast Ereignisse wie Volksfeste, bei denen sich zahlreiche Wettkämpfer trafen. Reitergruppen kämpften gegeneinander. Ziel war es, die Gegner aus dem Sattel zu heben. Leider gab es trotz der stumpfen Waffen immer wieder Verletzte und Tote durch die Stürze oder weil die Gestürzten von den Pferdehufen verletzt wurden. Die Kirche verbot später solche Turniere.

Tjost

Die Tjost war ein Kampf zwischen zwei Rittern. Die Regeln waren ähnlich wie beim Turnier, aber es war ausschließlich ein Zweikampf. Auch hier war es das Ziel, den Gegner mit der Lanze vom Pferd zu stoßen. Oftmals wurden solche Kämpfe zu Ehren von Damen ausgetragen. Es gab auch die sogenannte „Scharfe Tjost". Dort wurde ohne Turnierkrönlein auf den Lanzen gekämpft, was dann oft zu Todesfällen führte.

Arbeitsblatt
Ritterkämpfe

Schreibe Unterschiede und Gemeinsamkeiten von Schlacht und Turnier auf.

Unterschiede	Gemeinsamkeiten

Suche Unterschiede und Gemeinsamkeiten von Turnier und Tjost.

Unterschiede	Gemeinsamkeiten

Was ist ein Turnierkrönlein?

Betrachte die Bildtafel. Welche Art von Kampf ist darauf dargestellt? Warum?

14 Arbeitsanweisung
Der Burgherr/Die Burgherrin

Einzelarbeit

Material:

Informationsblätter **Der Burgherr** (Seite 38), **Die Burgherrin** (Seite 39) und **Der Tod des Burgherrn** (Seite 40)

Kerzen, Papierbogen, Bänder

Füller oder Feder mit Tusche

Auftrag:

1. Lies die drei Informationsblätter durch.
2. Entscheide dich für die weitere Arbeit für die Rolle des Burgherrn oder die der Burgherrin.
3. Vielleicht ist es möglich, einen Raum oder einen Teil eines Raumes zu verdunkeln, um eine Abendstimmung herzustellen. Dann schreibst du bei Kerzenlicht.
4. Schreibe mit Füller einen Tagebuch-Eintrag auf den Papierbogen: „Ein Tag im Leben des Burgherrn Giselher“ oder „Ein Tag im Leben der Burgherrin Konstanze“.
5. Drehe dein Blatt zu einer Schriftrolle und knüpfe ein Band darum.
6. Tausche die Schriftrolle mit einem Mitschüler aus und lies den Eintrag.

Der Burgherr

Der Burgherr gehörte immer dem Adelsstand an. Vom Grafen bis zum König hatten alle das Recht, eine Burg zu bauen.

Burgen waren zumeist Verwaltungssitz für die Lehen (Land, das verpachtet wurde) wie auch Wohnstätte des Herrschers.

Der Burgherr hatte viele Aufgaben und Pflichten, aber auch viele Mitarbeiter an seiner Seite. Er war Verwalter großer Ländereien und gleichzeitig auch Richter – er musste im Namen des Königs Recht sprechen.

Die Schreiber des Burgherrn führten genau Buch über Steuern und Pachtzahlungen. Die Pacht war der Betrag, den ein Pächter, oft ein Bauer, dem Burgherrn für die Bewirtschaftung des Bodens zahlen musste. Die Schreiber notierten auch, wie viele Stück Vieh geschlachtet wurden und wie viel Fleisch für den Winter haltbar gemacht werden sollte. Der Burgherr bestimmte, wo Mühlen errichtet werden sollten, er entschied, wo Wald gerodet werden durfte, um Holz weiterzuverkaufen, und er hatte das Recht, auf die Jagd zu gehen.

Manche Adelige besaßen mehrere Burgen und reisten daher oft.

Die Burgherrin

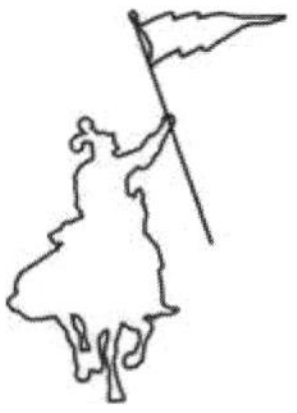

Die Burgherrin übernahm in Abwesenheit ihres Gatten die Verantwortung für die Burg und die Ländereien, die zur Burg gehörten. Wenn ihr Mann starb, war die Burgherrin die alleinige Herrscherin.

Die adeligen Frauen heirateten in der Regel sehr früh (mit ca. 14 Jahren). Der Ehemann wurde von den Eltern für sie ausgesucht, denn man wollte über eine Heirat Macht und Einfluss gewinnen.

Die wichtigste Aufgabe der jungen Burgherrin war es, Kinder zu bekommen. Ganz besonders wichtig war es, einen Jungen auf die Welt zu bringen. In vielen Ländern konnte nur so die Erbfolge gesichert werden.

Die Burgherrin war als Ehefrau für die Küche und den Wohnbereich zuständig. Sie verwaltete die Gelder, sorgte durch den Verkauf landwirtschaftlicher Produkte für gute Erträge und war für den Einkauf von Vorräten zuständig. Dabei halfen ihr viele Bedienstete.

Oft kümmerten sich Burgherrinnen um die Armen und Kranken. Sie verstanden viel von Naturheilkunde und verteilten Almosen unter den Armen.

Manchmal stickte die Burgherrin oder webte in ihrer Kemenate Wandbehänge oder Teppiche.

Viele Burgherrinnen lernten auch lesen, schreiben und rechnen, obwohl dies von der Männerwelt im Mittelalter nicht gern gesehen wurde.

Der Tod des Burgherrn

Im Mittelalter wurden die Menschen in der Regel nicht alt, auch der Burgherr nicht. Krankheiten, Verletzungen oder Unfälle konnten kaum behandelt werden. Es gab zwar schon chirurgische Eingriffe und komplizierte Operationen, aber die meisten Patienten überlebten dies nicht.

Der Burgherr, der spürte, dass sein Ende nahte, wurde im schönsten Raum der Burg aufgebahrt. Die Familie, Freunde und Nachbarn besuchten den Sterbenden ein letztes Mal. In Anwesenheit der Familie bestimmte er, wie sein Erbe aufgeteilt werden sollte.

Meist war der älteste Sohn der Haupterbe und sollte der nächste Burgherr werden. Der Burgherr versuchte dabei zu verhindern, dass es zu Missgunst und Neid innerhalb der Familie kam. So sprach er seiner Frau ihren Teil zu; diese besaß daneben immer auch ihren „Brautschatz", den sie von der Familie ihres Bräutigams anlässlich der Hochzeit bekommen hatte. Außerdem bestimmte der Burgherr, welche Teile seines Erbes an seine weiteren Kinder gehen sollten.

Ein großzügiger Burgherr diktierte noch am Sterbebett, wen er weiterhin beschenken wollte. Er dachte an die Armen und oft auch an die Mönche in den umliegenden Klöstern. Dies nicht immer ganz ohne Hintergedanken: Er vertraute darauf, dass deren Gebete ihm die Pforten zum Himmel öffnen würden.

15 Arbeitsanweisung
Redensarten aus der Welt der Ritter

Einzelarbeit

Material:

Arbeitsblätter 1 und 2 **Redensarten**
(Seiten 42 und 43)
farbiges A4-Blatt
Schere
Klebstoff

Auftrag:

1. Lies die Redensarten.
2. Schneide die Redensarten mit den historischen Erklärungen (1–12) und die heutigen Bedeutungen (A–L) einzeln aus.
3. Lege immer die zwei zueinander, die zusammengehören.
4. Kontrolliere im Lösungsteil.
5. Schreibe den Titel „Redensarten" auf das farbige A4-Blatt und klebe die Redensarten mit ihren jeweiligen Bedeutungen auf.
6. Klebe das Blatt ins Heft oder hefte es in den Ordner.

Arbeitsblatt 1
Redensarten aus der Welt der Ritter

1 **Jemanden nicht im Stich lassen**

Ein Ritter ließ einen Freund, der im Kampf durch Stiche verletzt wurde, nie allein.

2 **Für jemanden eine Lanze brechen**

Im Kampf setzten sich Freunde füreinander ein, wobei öfters Lanzen zerbrachen.

3 **Sich die Sporen verdienen**

Als Page und Knappe musste ein Adeliger so gut arbeiten, dass er beim Ritterschlag die Reitsporen geschenkt bekam.

4 **Auf dem hohen Ross sitzen**

Die Ritter reizten ihre Gegner mit Angebereien, bevor es im Turnier ernst wurde.

5 **Fest im Sattel sitzen**

Wenn ein Ritter beim Turnier aus dem Sattel geworfen wurde, hatte er verloren.

6 **Etwas aus dem Stegreif tun**

Mit Kämpfen beginnen, bevor man richtig in den Steigbügeln (Stegreif) stand.

7 **Sich aus dem Staub machen**

Wenn man beim Turnier aus dem Sattel fiel, musste man den staubigen Platz möglichst schnell verlassen, damit man von den Pferdehufen der Weiterkämpfenden nicht zertrampelt wurde.

8 **Böses im Schild führen**

Am Wappen auf dem Schild erkannten die Ritter, ob der Gegner ein Freund oder Feind („böses" Wappen) war.

Arbeitsblatt 2
Redensarten aus der Welt der Ritter

9 **Die Tafel aufheben**

Der Tisch der Ritter bestand aus zwei Sockeln und einer Tischplatte (Tafel), der nach dem Essen weggeräumt wurde.

10 **Von der Hand in den Mund leben**

Die Ritter aßen meistens mit den Händen.

11 **Ritterliches Benehmen**

Ritter benahmen sich am Hof tadellos, vor allem Frauen gegenüber.

12 **Jemanden am Seil herunterlassen**

Die Gefangenen wurden häufig an einem Seil ins Burgverlies hinuntergelassen.

A Etwas ohne Vorbereitung (spontan) tun.

B Eine Mahlzeit beenden; der Tisch darf verlassen werden.

C Sich eingebildet, prahlerisch, angeberisch benehmen.

D Sich heimlich davonschleichen; abhauen.

E Jemanden auslachen; sich über jemanden lustig machen.

F Höflich, zuvorkommend sein.

G Jemanden nicht allein lassen, wenn er Schwierigkeiten hat.

H Nichts Erspartes haben; das Geld immer sofort ausgeben.

I Erste Erfahrungen machen.

J Sich einer Sache sehr sicher sein.

K Etwas Böses, Gemeines im Sinn haben.

L Sich für eine Person oder eine Sache einsetzen.

16 Arbeitsanweisung
Gitterrätsel

Einzelarbeit

Material:

Arbeitsblatt **Gitterrätsel** (Seite 45)

Farbstifte

Heft

Auftrag:

1. Suche die verlangten Wörter im Buchstabengitter.
2. Übermale sie mit einem hellen Farbstift.
3. Vergleiche dein Blatt mit dem Lösungsteil.
4. Verstehst du alle Begriffe, die du gesucht hast? Wenn nicht, informiere dich.
5. Schreibe zu jedem Wort eine kurze Erklärung in dein Heft.

Arbeitsblatt
Gitterrätsel

ADEL
BAUER
BERGFRIED
BURG
EDELDAME
FALKE
GAUKLER
KNAPPE
LANZE
MINNESANG
PAGE
RITTER
RUESTUNG
SCHILD
TURM
TURNIER
ZOLL

A	R	I	T	T	E	R	H	M	N	L	S	E	R	T	U	K	P	A	S	R	N	B	G	F
R	J	A	G	U	M	J	K	I	O	A	V	G	Y	D	E	H	U	Z	B	U	R	G	A	H
F	D	E	C	R	N	J	Z	R	Z	D	B	T	D	S	A	R	I	L	V	F	R	S	G	U
D	J	U	F	M	P	A	G	E	K	D	S	R	H	U	V	I	G	J	S	H	B	E	G	H
F	D	E	H	G	H	R	I	U	E	N	F	A	L	K	E	B	R	I	J	F	T	D	K	L
N	H	T	F	D	Z	A	U	H	Z	E	D	K	S	B	I	S	G	O	H	P	F	E	V	K
G	Z	I	D	X	H	K	V	Z	O	L	L	N	D	K	U	S	F	K	F	H	F	L	D	I
B	U	M	I	N	N	E	S	A	N	G	F	D	E	R	H	U	Z	O	L	K	R	D	I	L
S	G	T	U	L	I	O	D	S	K	J	B	D	N	G	E	V	Z	K	F	J	D	A	J	R
I	D	E	G	J	Z	L	S	D	J	T	A	T	U	I	K	N	A	P	P	E	F	M	L	O
H	T	U	R	N	I	E	R	K	K	O	U	L	S	R	T	U	A	R	T	U	H	E	S	U
A	Z	T	E	T	U	Z	V	R	S	H	E	U	L	J	B	D	A	T	D	H	U	D	K	E
G	H	Z	O	I	E	T	R	I	D	T	R	F	A	G	A	U	K	L	E	R	Q	H	S	D
D	E	R	U	E	S	T	U	N	G	S	R	T	N	T	K	O	P	M	T	I	S	J	V	U
F	Z	J	L	O	P	S	B	F	R	U	I	O	Z	U	J	K	L	F	A	S	E	Z	F	D
K	B	C	D	R	Z	I	K	L	M	N	S	R	E	D	S	R	F	A	S	A	D	E	L	G
D	E	R	U	O	G	H	R	S	G	J	R	S	F	S	C	H	I	L	D	H	U	L	M	R
B	E	R	G	F	R	I	E	D	E	K	K	O	M	T	F	A	D	U	L	P	O	J	Z	H

17 Arbeitsanweisung
Ein Festessen auf der Burg

Arbeit zu zweit

Material:

Arbeitsblatt **Ein Festessen auf der Burg** (Seite 47)

Schreibzeug

Auftrag:

1. Lest den Text aufmerksam durch. Habt ihr alle Informationen verstanden?
2. Besprecht, welche die wichtigsten Stellen im Text sind, und unterstreicht diese.
3. Löst nachher die Aufgaben auf dem unteren Teil des Blattes.
4. Vergleicht eure Lösung mit dem Lösungsteil.

Arbeitsblatt
Ein Festessen auf der Burg

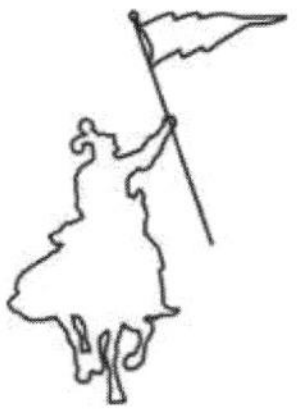

An Ritter Kuniberts Geburtstag gab es am Abend ein riesiges Festessen. Dabei war es bei Festessen nicht so wichtig, wie gut das Essen war, sondern wie viel es zu essen gab. Im Mittelalter war es schwierig, Esswaren haltbar zu machen, darum mussten sie meist rasch verbraucht werden. Dafür war ein Festessen der ideale Anlass. Es fand in der Regel am Abend statt, tagsüber aß man dafür fast nichts.

Ritter Kunibert und seine Freunde nahmen erst Platz, nachdem die Diener die Tische hereingetragen und die Schüsselchen mit Waschwasser herumgereicht hatten. Dann setzten sie sich nach ihrer Rangordnung an die Tische. Als alle an ihrem Platz waren, wurden die Speisen unter Trommel- und Posaunenmusik serviert. Nicht jeder Gast bekam einen Teller, sondern mehrere Leute aßen aus der gleichen Schüssel oder vom gleichen Stück Fleisch. Meistens schob man sich die Speisen mit den Fingern in den Mund. Gabeln kannte man noch nicht; die Suppe wurde mit dem Löffel gegessen. Das Messer war das wichtigste Besteck.

Wein und Wasser wurden vor allem zwischen den einzelnen Gängen serviert.
Man trank aus Schalen oder Bechern, die aus Holz, Zinn oder Silber waren.
Ein Festessen bestand aus etwa zehn Gängen oder mehr.

Nach dem Essen reichten die Diener nochmals die Schalen mit dem Waschwasser herum und trugen anschließend die Tische aus dem Saal (die Tafel wurde aufgehoben). Manchmal blieben die Herren noch zu einem Trunk sitzen.

Kreuze die richtigen Behauptungen an und verbessere die falschen:

- ☐ Das Wichtigste beim Festessen war, dass es möglichst viel zu essen gab.
- ☐ Das Festessen fand meistens am Mittag statt.
- ☐ Zuerst wurden die Tische hereingetragen.
- ☐ Die Knappen brachten Waschwasser, um die Tische zu putzen.
- ☐ Mehrere Leute aßen aus der gleichen Schüssel.
- ☐ Das wichtigste Besteck war die Gabel.
- ☐ Zwischen den Gängen wurde meistens Sirup aus Flaschen getrunken.
- ☐ Am Schluss blieben die Damen noch länger zusammen sitzen.

18 Arbeitsanweisung
Ein Festessen früher und heute

Arbeit in kleinen Gruppen

Material:

Bildtafel **Ein Festessen auf der Burg** (Seite 49)

Arbeitsblatt **Ein Festessen früher und heute** (Seite 50)

Schreibzeug

Auftrag:

1. Voraussetzung für diese Station ist, dass ihr das Arbeitsblatt von Station 17 **Ein Festessen auf der Burg** (Seite 47) schon bearbeitet habt.
2. Schaut euch die Szene auf der Bildtafel an. Erzählt einander, was euch auffällt. Was ist eigenartig? Was ist anders als heute?
3. Bearbeitet anschließend das Arbeitsblatt **Ein Festessen früher und heute**.

Arbeitsblatt
Ein Festessen früher und heute

Wie sieht ein heutiges Festessen aus? Vielleicht warst du schon selbst einmal dabei, zum Beispiel auf einer Hochzeit?

Betrachte die Bildtafel „Ein Festessen auf der Burg“ und vergleiche die dargestellte Szene mit deinen Erinnerungen an ein großes Festessen.

Worin bestehen die Unterschiede, z. B. in der Tischordnung, im Essen selbst, in der Kleidung, in den Sitten?

Zeichne hier ein kleines Detail, das dich an ein Festessen in der heutigen Zeit erinnert.

19 Arbeitsanweisung
Die Tischsitten der Ritter

Gruppenarbeit (4–5 Mitglieder)

Material:

Informationsblatt **Die Tischsitten der Ritter** (Seite 52)

Arbeitsblatt **Tischsitten früher und heute** (Seite 53)

Schreibzeug

Auftrag:

1. Voraussetzung für diese Station ist, dass ihr das Arbeitsblatt von Station 17 **Ein Festessen auf der Burg** (Seite 47) schon bearbeitet habt.
2. Lest einander die zehn Tischsitten auf dem Informationsblatt **Die Tischsitten der Ritter** laut vor und diskutiert, was euch auffällt.
3. Unterscheiden sich die Tischsitten von damals von den heutigen Tischsitten? Diskutiert.
4. Füllt das Arbeitsblatt aus.
5. Übt in der Gruppe ein Rollenspiel ein:
   Ihr spielt eine Szene bei Tisch; Ritter und Edeldamen speisen, trinken und unterhalten sich.
6. Vereinbart mit dem Lehrer einen Zeitpunkt, an dem ihr die Szene der Klasse vorspielen könnt.

Die Tischsitten der Ritter

Obwohl man in Büchern über das Mittelalter lesen kann, die Menschen hätten sich damals schlecht benommen und seien an Festen häufig betrunken gewesen, galten auch für sie Regeln, die sie einhalten sollten:

1. Achte darauf, dass deine Hände sauber sind; wasche sie in der Waschschüssel.
2. Abgenagte Knochen darfst du niemals in die Schüssel mit Speisen zurücklegen. Wirf sie den Hunden vor.
3. Streichle die Hunde nicht, wenn du beim Essen bist.
4. Bei Tisch sollst du nicht in der Nase bohren.
5. Stecke deine Finger nicht in die Soßen, sondern tunke nur das Fleisch oder Brot hinein.
6. Sprich nicht mit vollem Mund, schluck vorher deinen Bissen hinunter.
7. Nimm das Messer nicht in den Mund.
8. Trinke nicht so viel Wein, dass du nicht weißt, was du tust.
9. Achte darauf, dass dein Mund beim Trinken keine Fettränder auf dem Becher hinterlässt.
10. Schnäuze nicht ins Tischtuch, sondern in ein Taschentuch.

Arbeitsblatt
Tischsitten früher und heute

Schreibe alle Tischregeln auf, die bei euch zu Hause gelten.

Warum gelten sie noch? Was spricht für diese Tischregeln?

Welche Tischsitten sind eurer Meinung nach veraltet und warum?

Kennt ihr Tischsitten aus anderen Ländern oder Kulturen? Vielleicht habt ihr auf einer Reise andere Sitten kennengelernt oder darüber gelesen. Wenn ja, dann schreibt sie auf.

20 Arbeitsanweisung
Auf der Jagd

Arbeit zu zweit; dann zu viert

Material:

Bildtafel **Auf der Jagd** (Seite 55)

Informationsblatt **Auf der Jagd** (Seite 56)

Schreibzeug

Heft

Auftrag:

1. Betrachtet das Bild und lest den Informationstext.
2. Wählt eine Person auf dem Bild aus und erzählt aus deren Sicht das Jagderlebnis.
3. Schreibt eure Erzählung ins Heft.
4. Tauscht euer Heft mit einem anderen Zweierteam und lest dessen Erzählung.
5. Setzt euch zu viert zusammen (beide Zweierteams) und gebt Rückmeldungen zur Geschichte des anderen Teams. Was hat euch besonders gefallen? Was ist originell an der Erzählung? Gibt es Stellen, die man noch verbessern könnte?
6. Überarbeitet eure eigene Erzählung gemäß den Rückmeldungen eurer Mitschüler.

Auf der Jagd

Viele Burgherren und Ritter waren glühende Verehrer der Jagd. Auf diese Weise konnte man sich körperlich betätigen und den Waffengebrauch üben, man vertrieb sich die Langeweile und genoss gemeinsam das Vergnügen. Der Kampf mit wilden Tieren erforderte durchaus Mut, vor allem die Jagd auf Großwild wie Bären, Hirsche oder Wildschweine. Während der Wintermonate fanden meist keine Kriegszüge statt – in dieser Zeit bot die Jagd Ersatz.

Die Jagd brachte auch einen nützlichen Nebeneffekt: Man kam zu Nahrung und Fleischvorräten. Ein Teil davon wurde haltbar gemacht und war für Kriegszüge oder Kreuzzüge reserviert.

Für die Hetzjagd wurden Hunde abgerichtet. Der Burgherr sorgte dafür, dass diese gut gehalten und bestens ernährt wurden. Den Hunden auf der Burg ging es oftmals besser als vielen Menschen im Land.

Die Burgherren waren darauf bedacht, dass sich keine Wilderer in ihren Revieren aufhielten. Sie wachten bei strengen Strafen über ihre Ländereien. Oft erteilten sie ihren Untergebenen jedoch die Bewilligung für die Jagd auf Niederwild wie Füchse oder Hasen. Sie verhinderten damit, dass Vögel oder andere Wildtiere die Ernte ihrer Felder bedrohten.

21 Arbeitsanweisung
Die Jagd mit dem Falken

Arbeit in kleinen Gruppen

Material:

Informationsblatt **Die Jagd mit dem Falken** (Seite 58)

Schreibzeug

Heft

Auftrag:

1. Lest den Informationstext über die Jagd mit Greifvögeln gemeinsam durch.
2. Versucht dann das mittelalterliche Gedicht zu lesen.
3. Lest das Gedicht einander laut vor. So haben die Menschen im Mittelalter gesprochen.
4. Übersetzt das Gedicht in die heutige Sprache; probiert so lange, bis ihr eine gute Übersetzung gefunden habt. ACHTUNG: Man kann nicht immer wortwörtlich übersetzen!
5. Schreibt eure Lösung ins Heft.
6. Zeigt eure Fassung des Gedichts dem Lehrer.

Die Jagd mit dem Falken

Die Ritter jagten oft mit Greifvögeln, die sie aufgezogen und dressiert hatten. Am häufigsten taten sie dies mit Falken. Die Vögel wurden zuerst Schritt für Schritt gezähmt, bis sie so brav waren, dass sie immer wieder zu den Falknern (so hießen die Vogelzähmer) zurückflogen. Wenn ein Falke genügend dressiert war, diente er als Jagdhelfer. Er flog hoch, erspähte zum Beispiel von oben einen Hasen, stürzte hinunter und tötete ihn. Dann kam er zum Falkner zurück und hielt sich an dessen Handschuh fest. Dieser musste den toten Hasen anschließend nur noch holen.

Die Falkenjagd war auch bei den adeligen Frauen sehr beliebt. Ein dressierter Falke war so wertvoll, dass ihn der Fürst oder die Edeldame immer dabeihaben wollte; der Falke durfte dann auch auf Bankette oder sogar in die Kapelle mitkommen.

Auch heute gibt es noch Falkner. Sie zähmen die Vögel aber nicht mehr zum Jagen, sondern zum Vorführen von Kunststücken vor Publikum.

Hier ein mittelalterliches Gedicht, das zeigt, dass die Erziehung des Falken manchmal auch misslang ...

Ich zoch mir einen valken
mere dane ein jar.
do ich in gezamete
als ich in wollte han
und ich im sin gevidere
mit golde wo bewant,
er huop sich auf vil hohe
und fluog in anderiu lant.

<u>Worterklärung</u>:

zoch	=	zog
valken	=	Falken
mere	=	länger
do	=	als
gevidere	=	Gefieder
bewant	=	umwickelte
huop	=	hob
vil hohe	=	sehr hoch

22 Arbeitsanweisung
Begriffe-Memory

Arbeit zu zweit oder zu dritt

Material:

Arbeitsblatt **Memory-Begriffe** (Seite 60)

Arbeitsblatt **Memory-Erklärungen** (Seite 61) – am besten Kopie auf farbigem Blatt

Schere

Auftrag:

1. Schneidet alle Memory-Begriffe und alle Memory-Erklärungen aus.
2. Legt alle Memory-Begriffe verdeckt auf die eine Seite des Tisches und alle Memory-Erklärungen (farbiges Papier) auf die andere Seite.
3. Zu jedem Begriff gehört eine Erklärung.
4. Spielt das Memory nach den gängigen Regeln; d. h. wenn ein Spieler ein richtiges Paar gezogen hat, darf er es behalten und nochmals ziehen.
5. Wer ein falsches Paar besitzt, muss dieses an den Gegner abgeben.
6. Wer die meisten Kartenpaare besitzt, hat das Spiel gewonnen.

Arbeitsblatt
Memory-Begriffe

Adel	Bergfried	Brückenzoll	Fladenbrot
Frondienst	Gaukler	Gesinde	Harnisch
Herzog	Ingwer	Knappe	Laute
Minnesänger	Mittelalter	Page	Ritter
Schießscharte	Verlies	Wappen	Wegzoll

Arbeitsblatt
Memory-Erklärungen

7- bis 14-jähriger Junge in der ersten Phase der Ausbildung zum Ritter	Flaches, ohne Hefe oder andere Treibmittel gebackenes Brot	Entgelt für die Erlaubnis, eine Brücke zu überqueren	Abgabe, die man leisten musste, um eine bestimmte Straße benutzen zu dürfen
Sie waren im Mittelalter die höchsten welt-lichen Fürsten nach dem König.	Sammelbegriff für die vornehmen Leute (König, Herzöge, Gräfinnen, Ritter...)	Arbeit, die die Bauern für den Gutsherrn unentgeltlich zu leisten hatten	Lücken in der Burgmauer, durch die man den Gegner be-schießen konnte
Hoher Hauptturm im Zentrum einer Burg	14- bis 20-jähriger Junge oder junger Mann, der zum Ritter ausgebildet wurde	Aus dem arabischen Kulturraum übernommenes Zupfinstrument	Sammelbegriff für die Dienerschaft und für die Knechte und Mägde
Schwer bewaffnete Reiter im Dienste des Königs oder eines hohen Adeligen	Scharfe, aus dem Orient stammende Gewürzwurzel	Künstler, der im Mittelalter von Jahrmarkt zu Jahr-markt zog und die Leute unterhielt	Unterirdisches Gefängnis
Zeit zwischen Antike und Neu-zeit; von der Mitte des 6. bis Anfang des 16. Jahr-hunderts	Dichter und Musiker, der sein Publikum mit Lie-dern und Gedichten unterhielt	Zuerst Schild-zeichen zur Identi-fizierung der Ritter, dann Kennzeichen für Adelsgeschlecht	Bedeutet eigent-lich: Brustpanzer; kann aber auch die gesamte Ritter-rüstung bezeichnen

23 Arbeitsanweisung
Die Waffen der Ritter

Arbeit zu zweit

Material:

Arbeitsblatt **Die Waffen der Ritter** (Seite 63)

Sachbücher zum Thema Mittelalter

eventuell Internet

Auftrag:

1. Bearbeitet das Arbeitsblatt, indem ihr den richtigen Text dem entsprechenden Bild zuordnet.
2. Sucht in Sachbüchern über das Mittelalter, im Internet oder in anderen Medien Waffen, die im Mittelalter zum Einsatz kamen.
3. Zeichnet einige dieser Waffen in euer Heft und beschreibt, auf welche Weise sie verwendet wurden.

Arbeitsblatt
Die Waffen der Ritter

a) **Das Schwert** war die klassische Waffe des Ritters und diente als Hieb- und Schlagwaffe. Der Ritter trug es auf der linken Seite am Schwertgehänge. Ein kostbares Schwert wurde von Generation zu Generation weitergegeben.

b) **Die Lanze** war die wichtigste Waffe auf dem Schlachtfeld. Es handelte sich um eine Stoßwaffe. Die Lanze wurde im Kampf unter die Achsel geklemmt, der Ritter galoppierte stehend im Steigbügel auf seinen Gegner zu.

c) **Die Armbrust** war eigentlich die Waffe der Fußsoldaten, sie wurde aber auch beim Bodenkampf der Ritter verwendet. Der Bolzen einer Armbrust hat eine hohe Schlagkraft. Ein Nachteil ist, dass das Nachladen viel Zeit beansprucht.

d) **Die Streitaxt** war eine Angriffswaffe aus nördlichen Ländern.

e) **Pfeil und Bogen** wurden ursprünglich als Jagdwaffe eingesetzt, später auch gelegentlich von Armeen übernommen. Es gab gefürchtete Bogenschützen.

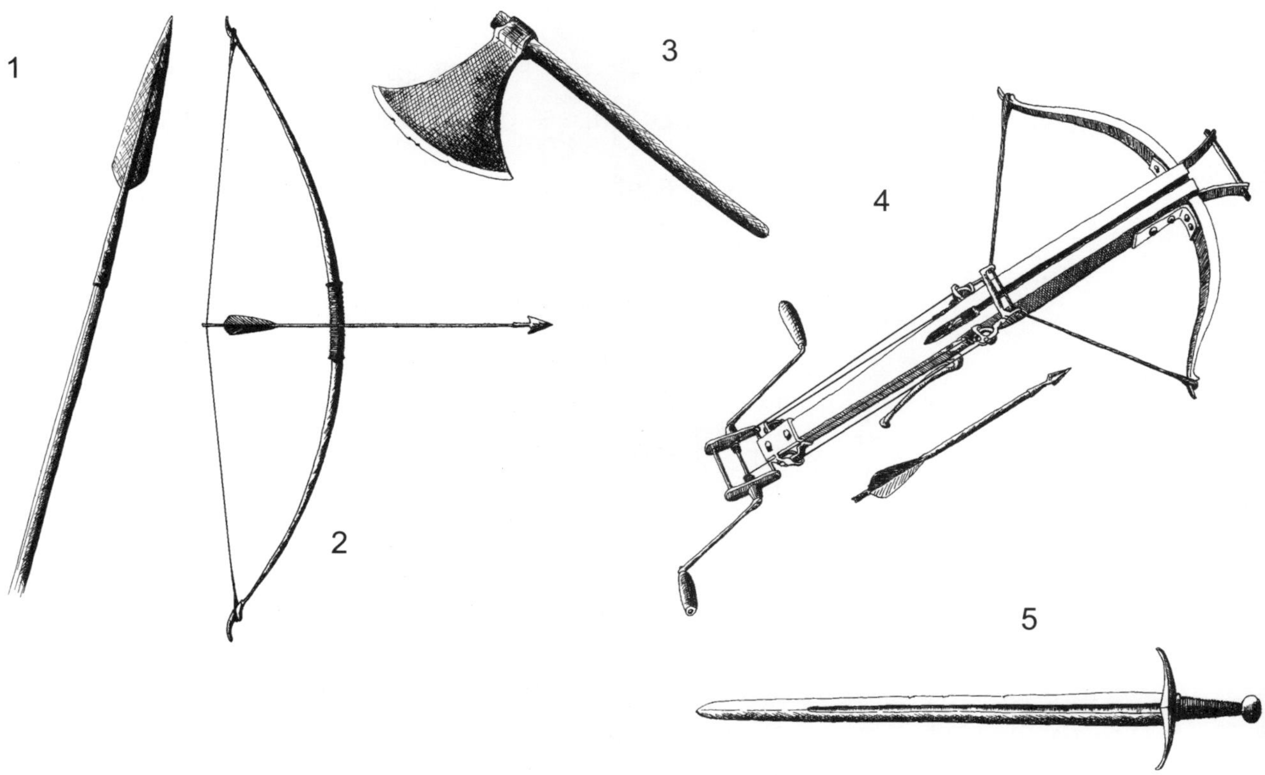

Welches Bild gehört zu welchem Text? Schreibt die zueinander gehörenden Buchstaben und Zahlen auf.

__________, __________, __________, __________, __________

24 Arbeitsanweisung
Heraldik

Einzelarbeit

Material:

Arbeitsblatt **Heraldik** (Seite 65)

Farbstifte, Lineal

Lexikon

Zeichenblatt A4

Auftrag:

1. Lies den Text auf dem Arbeitsblatt durch und schlage schwierige Wörter im Lexikon nach.
2. Lege die Farbstifte bereit, die du zum Ausmalen brauchst (Gold = Gelb, Silber = Grau).
3. Male die Ritterwappen aus, wie es dir gefällt. Du musst dabei die Heraldik-Regeln befolgen
4. Klebe das Blatt ins Heft oder hefte es in den Ordner.
5. Nun malst du dein eigenes Ritterwappen: Zeichne den Umriss eines Wappens auf das Zeichenblatt und teile es dann in zwei Hälften: horizontal, vertikal oder diagonal.
6. Schreibe in die eine Hälfte deinen Nachnamen, in die andere malst du ein Bild zu einem deiner Hobbys.
7. Male auch dieses Wappen aus und befolge dabei die Heraldik-Regeln.
8. Schneide dein Wappen aus und klebe es auf passendes Papier.

Arbeitsblatt
Heraldik

Wappen sind aus praktischen Gründen entstanden: Wenn ein Ritter in voller Rüstung mit Helm und Visier in den Kampf zog, konnte ihn niemand erkennen. Man wollte aber die Ritter unterscheiden.

Das Problem wurde gelöst, indem jeder Ritter bestimmte farbige Symbole auf seinem Schild trug. Bald erschienen diese Symbole auch auf dem Waffenrock, auf der Pferdedecke oder auf der Fahne. Der Ritter trug das persönliche Zeichen auch auf dem Helm.

Aus diesen Symbolen entwickelten sich später die Wappen. Jede adelige Familie hatte ihr eigenes Wappen, das keine andere Familie benutzen durfte. Auch die Farbzusammenstellungen der Wappen waren vorgeschrieben. Spezialisten der Wappenkunde waren damals die Herolde (Heraldik = Wappenkunde), die bei Turnieren und im Krieg die Ritter anhand ihrer Wappen erkannten.

Bei der Gestaltung der Wappen waren vier Farben (Rot, Blau, Schwarz, Grün) und die Metalle Gold und Silber erlaubt. Bei der Anordnung von Farben und Metallen wurde darauf geachtet, dass nicht Farbe an Farbe oder Metall an Metall grenzte. Löwen, Schwäne, Drachen, Delfine u. a. waren beliebte Wappentiere.

Male die folgenden Wappen nach den heraldischen Regeln aus:

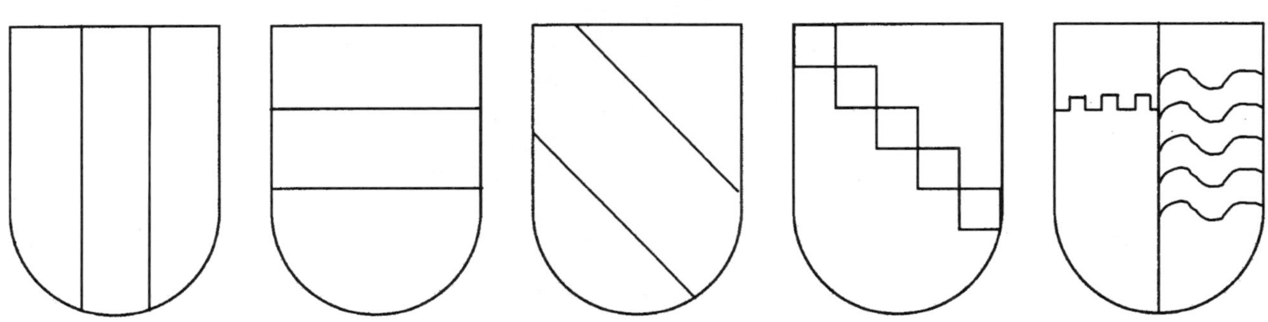

25 Arbeitsanweisung
Das Leben im Heiligen Land

Arbeit zu zweit

Material:

Bildtafel **Das Leben im Heiligen Land** (Seite 67)
Informationsblatt **Gläubige Ritter?** (Seite 68)
Informationsblatt **Das Leben im Heiligen Land** (Seite 69)

Schreibzeug und Heft

eventuell Mühlespiel

Auftrag:

1. Einer von euch beiden liest das Informationsblatt **Gläubige Ritter?** und der andere das Informationsblatt **Das Leben im Heiligen Land**.
2. Erzählt einander, was ihr gelesen und verstanden habt. Fragt bei Unklarheiten nach und lest eventuell die Textstelle nochmals.
3. Schaut auf einer Karte oder im Atlas nach, wo sich das Heilige Land befindet.
4. Betrachtet gemeinsam die Bildtafel. Beschreibt das Bild so genau wie möglich und haltet eure Betrachtungen schriftlich fest. Schreibt möglichst viele Details des Alltags im Heiligen Land auf. (Hinweis für genaue Beobachter: Die Kirche ist in einem Baustil gezeichnet, in dem erst im 16. Jahrhundert gebaut wurde; sie steht hier stellvertretend für das christliche Gotteshaus.)

freiwillig

5. Organisiert ein Mühlespiel mit neun Steinen. Spielt dieses Spiel, das die Europäer von den Muslimen lernten.

Gläubige Ritter?

Der christliche Glauben bestimmte das Leben eines Ritters. In der Nacht vor der Schwertleite widmete sich der Knappe dem Gebet. In jeder Burg gab es eine Kapelle für das tägliche Gebet. Die Ritter setzten sich zum Ziel, den christlichen Glauben zu verteidigen. Trotzdem töteten, folterten und raubten sie und steckten Gebäude in Brand.

Um 1100 n. Chr. drangen christliche Ritter als Kreuzfahrer in das Heilige Land der Bibel ein, das sich in den Händen der Mauren befand. Sie sollten den christlichen Glauben verbreiten. Das wahre Ziel dieser Kreuzfahrer aber war es, sich die Reichtümer dieser Länder anzueignen. In solchen „Heiligen Kriegen“ kämpften Ritterheere im Namen des Christentums.

Es erschreckt heute, mit welcher Brutalität diese Ritter Blutbäder unter der einheimischen Bevölkerung anrichteten. Große Teile der heutigen Staaten Israel, Jordanien, Libanon und Syrien waren damals in christlicher Hand. Auch in diesen Ländern entstanden Burgen nach europäischem Vorbild als Stützpunkte.

Mit dem Ende des 13. Jahrhunderts war die Zeit der Kreuzzüge endgültig vorbei.

Das Leben im Heiligen Land

Die Kreuzfahrer hofften darauf, im Heiligen Land Vermögen und Ansehen zu erlangen. Sie nahmen das Heilige Land in Besitz: So gründeten sie z. B. im Jahr 1099 nach der Eroberung Jerusalems das Königreich von Jerusalem. Sie beherrschten ein Gebiet, das sich von der Türkei bis zur ägyptischen Grenze erstreckte.

Um das Mittelmeer zu überqueren, brauchte man eine gut organisierte Flotte. Mit einem großen Schiff dauerte eine solche Reise nur noch einige Wochen.

Die Kreuzfahrer bauten Kirchen oder verwandelten Moscheen in Kirchen. Vereinzelt wurden sogar Kathedralen und Klöster errichtet.

Besonders interessant für die Kreuzritter waren die vielfältigen Handelsgüter, die für das Leben in Europa eine Bereicherung des Alltags darstellten. So wurden z. B. Seidenballen und kostbare Stoffe wie Damast auf Frachtschiffe geladen und nach Europa gebracht. Auch aus Oliven gewonnenes Speise- oder Lampenöl, Zitrusfrüchte, Seife und Klingen waren begehrte Handelsware. Schwer beladen fuhren die Schiffe in die mitteleuropäischen Häfen zurück.

In dieser Zeit waren Gewürze und Zucker in Europa Luxusartikel. Die Speisen schmeckten nämlich ziemlich eintönig. In den eroberten Gebieten wurde Zuckerrohr gepflanzt, das Rohr dann zerhackt, gequetscht und in Kesseln zu einem dicken Sirup eingekocht. Diese Masse goss man dann in Kegelformen aus Ton. Durch Abkühlen wurde die Masse fest und konnte als Zuckerhut feilgeboten werden.

Die Europäer erlernten von den Muslimen das Mühlespiel. Es ist bei uns heute weit verbreitet.

Aber die Muslime eroberten ihr Land wieder zurück. Im Jahr 1291 mussten die Kreuzritter die Stadt Akko wieder aufgeben. Damit endete die christliche Herrschaft im Heiligen Land nach rund drei Jahrhunderten.

Lösung
Erziehung zum Ritter (S. 16)

Die Erziehung zum Ritter erfolgt in drei Stufen:

Zuerst wird ein Knabe ____*Page*____. Später wird er zum ____*Knappen*____ geweiht. Erst mit 21 Jahren wird er dann zum ____*Ritter*____ geschlagen. Die Zeremonie heißt ____*Schwertleite*____ oder ____*Ritterschlag*____.

Beschreibe mit eigenen Worten die Zeremonie des Ritterschlags. Schaue das Bild dazu genau an. Wie sind Ritter und Knappe gekleidet? Wie ist die Haltung des Knappen? Was tut der Ritter?
Nimm auch Sachbücher zu Hilfe und lies dort nach, was über diese Zeremonie geschrieben steht.

____

____

____

____

____

Vom Pagen zum Ritter: Fülle die Tabelle aus.

	Alter	Tätigkeiten	Kleidung/Aussehen
Page	*7*	*Reiten, Jagen, Schießen, Klettern*	*Hose, Oberteil, Gürtel*
Knappe	*12*	*Kriegshandwerk lernen, ritterliches Benehmen lernen*	*langer Mantel, Gürtel*
Ritter	*21*	*für Recht und Wahrheit kämpfen, dem König dienen*	*Rüstung (im Kampf), sonst edel gekleidet*

Lösung
Die Teile einer Ritterrüstung (15. Jahrhundert) (S. 30)

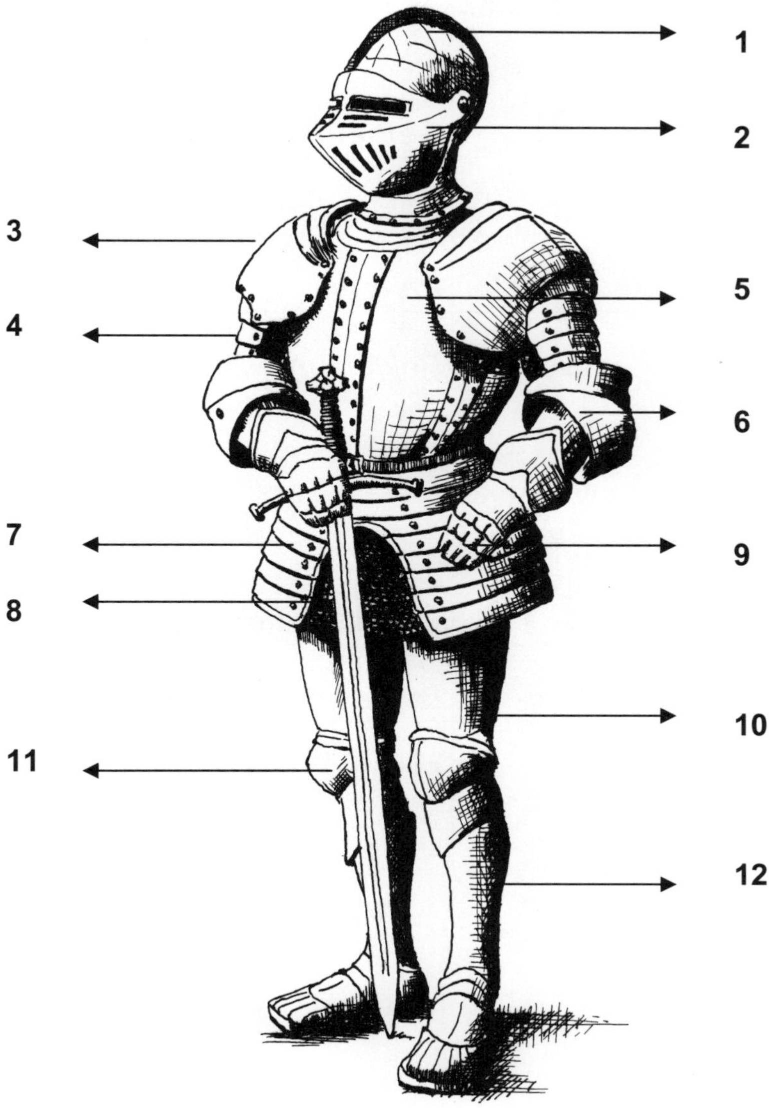

4 Armzeug

11 Kniekacheln

2 Visier mit Sehschlitzen

3 Achselstücke

12 Beinröhren

6 Ellbogenkacheln

1 Helm

5 Brustpanzer (Harnisch)

10 Beinzeug

7 Bauchreifen

9 eiserne Handschuhe

8 Kettenhemd

Lösung
Ritterkämpfe (S. 36)

Schreibe Unterschiede und Gemeinsamkeiten von Schlacht und Turnier auf.

Unterschiede	**Gemeinsamkeiten**
Turnier: Spiel - Schlacht: Ernstfall	*Beide sind Gruppenkämpfe auf*
Turnier: stumpfe Waffen -	*Pferden.*
Schlacht: spitze Waffen	*Bekleidung: Rüstung*

Suche Unterschiede und Gemeinsamkeiten von Turnier und Tjost.

Unterschiede	**Gemeinsamkeiten**
Turnier: Gruppenspiel – Tjost: Zwei-	*Beides sind Kämpfe, die in*
kampf	*Friedenszeiten stattfinden.*

Was ist ein Turnierkrönlein?

Ein „Krönlein", das man über die Lanzenspitze stülpt, damit die Waffe stumpf und deshalb niemand verletzt wird.

Betrachte die Bildtafel. Welche Art von Kampf ist darauf dargestellt? Warum?

Es handelt sich um einen Tjost. Es ist ein Zweikampf auf Pferden.
Zuschauer (auch eine Dame) im Hintergrund. Keine Turnierkrönlein.

Lösung
Redensarten aus der Welt der Ritter (S. 42/43)

1 **Jemanden nicht im Stich lassen**
Ein Ritter ließ einen Freund, der im Kampf durch Stiche verletzt wurde, nie allein.
G Jemanden nicht allein lassen, wenn er Schwierigkeiten hat.

2 **Für jemanden eine Lanze brechen**
Im Kampf setzten sich Freunde füreinander ein, wobei öfters Lanzen zerbrachen.
L Sich für eine Person oder eine Sache einsetzen.

3 **Sich die Sporen verdienen**
Als Page und Knappe musste ein Adeliger so gut arbeiten, dass er beim Ritterschlag die Reitsporen geschenkt bekam.
I Erste Erfahrungen machen.

4 **Auf dem hohen Ross sitzen**
Die Ritter reizten ihre Gegner mit Angebereien, bevor es im Turnier ernst wurde.
C Sich eingebildet, prahlerisch, angeberisch benehmen.

5 **Fest im Sattel sitzen**
Wenn ein Ritter beim Turnier aus dem Sattel geworfen wurde, hatte er verloren.
J Sich einer Sache sehr sicher sein.

6 **Etwas aus dem Stegreif tun**
Mit Kämpfen beginnen, bevor man richtig in den Steigbügeln (Stegreif) stand.
A Etwas ohne Vorbereitung (spontan) tun.

7 **Sich aus dem Staub machen**
Wenn man beim Turnier aus dem Sattel fiel, musste man den staubigen Platz möglichst schnell verlassen, damit man von den Pferdehufen der Weiterkämpfenden nicht zertrampelt wurde.
D Sich heimlich davonschleichen; abhauen.

8 **Böses im Schild führen**
Am Wappen auf dem Schild erkannten die Ritter, ob der Gegner ein Freund oder Feind („böses" Wappen) war.
K Etwas Böses, Gemeines im Sinn haben.

9 **Die Tafel aufheben**
Der Tisch der Ritter bestand aus zwei Sockeln und einer Tischplatte (Tafel), der nach dem Essen weggeräumt wurde.
B Eine Mahlzeit beenden; der Tisch darf verlassen werden.

10 **Von der Hand in den Mund leben**
Die Ritter aßen meistens mit den Händen.
H Nichts Erspartes haben; das Geld immer sofort ausgeben.

11 **Ritterliches Benehmen**
Ritter benahmen sich am Hof tadellos, vor allem Frauen gegenüber.
F Höflich, zuvorkommend sein.

12 **Jemanden am Seil herunterlassen**
Die Gefangenen wurden häufig an einem Seil ins Burgverlies hinuntergelassen.
E Jemanden auslachen; sich über jemanden lustig machen.

Lösung
Gitterrätsel (S. 45)

ADEL (16. Zeile)
BAUER (12. Spalte)
BERGFRIED (18. Zeile)
BURG (2. Zeile)
EDELDAME (23. Spalte)
FALKE (5. Zeile)
GAUKLER (13. Zeile)
KNAPPE (10. Zeile)
LANZE (14. Spalte)
MINNESANG (8. Zeile)
PAGE (4. Zeile)
RITTER (1. Zeile)
RUESTUNG (14. Zeile)
SCHILD (17. Zeile)
TURM (5. Spalte)
TURNIER (1. Zeile)
ZOLL (7. Zeile)

A	R	I	T	T	E	R	H	M	N	L	S	E	R	T	U	K	P	A	S	R	N	B	G	F
R	J	A	G	U	M	J	K	I	O	A	V	G	Y	D	E	H	U	Z	B	U	R	G	A	H
F	D	E	C	R	N	J	Z	R	Z	D	B	T	D	S	A	R	I	L	V	F	R	S	G	U
D	J	U	F	M	P	A	G	E	K	D	S	R	H	U	V	I	G	J	S	H	B	E	G	H
F	D	E	H	G	H	R	I	U	E	N	F	A	L	K	E	B	R	I	J	F	T	D	K	L
N	H	T	F	D	Z	A	U	H	Z	E	D	K	S	B	I	S	G	O	H	P	F	E	V	K
G	Z	I	D	X	H	K	V	Z	O	L	L	N	D	K	U	S	F	K	F	H	F	L	D	I
B	U	M	I	N	N	E	S	A	N	G	F	D	E	R	H	U	Z	O	L	K	R	D	I	L
S	G	T	U	L	I	O	D	S	K	J	B	D	N	G	E	V	Z	K	F	J	D	A	J	R
I	D	E	G	J	Z	L	S	D	J	T	A	T	U	I	K	N	A	P	P	E	F	M	L	O
H	T	U	R	N	I	E	R	K	K	O	U	L	S	R	T	U	A	R	T	U	H	E	S	U
A	Z	T	E	T	U	Z	V	R	S	H	E	U	L	J	B	D	A	T	D	H	U	D	K	E
G	H	Z	O	I	E	T	R	I	D	T	R	F	A	G	A	U	K	L	E	R	Q	H	S	D
D	E	R	U	E	S	T	U	N	G	S	R	T	N	T	K	O	P	M	T	I	S	J	V	U
F	Z	J	L	O	P	S	B	F	R	U	I	O	Z	U	J	K	L	F	A	S	E	Z	F	D
K	B	C	D	R	Z	I	K	L	M	N	S	R	E	D	S	R	F	A	S	A	D	E	L	G
D	E	R	U	O	G	H	R	S	G	J	R	S	F	S	C	H	I	L	D	H	U	L	M	R
B	E	R	G	F	R	I	E	D	E	K	K	O	M	T	F	A	D	U	L	P	O	J	Z	H

Lösung
Ein Festessen auf der Burg (S. 47)

An Ritter Kuniberts Geburtstag gab es am Abend ein riesiges Festessen. Dabei war es bei Festessen nicht so wichtig, wie gut das Essen war, sondern wie viel es zu essen gab. Im Mittelalter war es schwierig, Esswaren haltbar zu machen, darum mussten sie meist rasch verbraucht werden. Dafür war ein Festessen der ideale Anlass. Es fand in der Regel am Abend statt, tagsüber aß man dafür fast nichts.

Ritter Kunibert und seine Freunde nahmen erst Platz, nachdem die Diener die Tische hereingetragen und die Schüsselchen mit Waschwasser herumgereicht hatten. Dann setzten sie sich nach ihrer Rangordnung an die Tische. Als alle an ihrem Platz waren, wurden die Speisen unter Trommel- und Posaunenmusik serviert. Nicht jeder Gast bekam einen Teller, sondern mehrere Leute aßen aus der gleichen Schüssel oder vom gleichen Stück Fleisch. Meistens schob man sich die Speisen mit den Fingern in den Mund. Gabeln kannte man noch nicht; die Suppe wurde mit dem Löffel gegessen. Das Messer war das wichtigste Besteck.

Wein und Wasser wurden vor allem zwischen den einzelnen Gängen serviert.
Man trank aus Schalen oder Bechern, die aus Holz, Zinn oder Silber waren.
Ein Festessen bestand aus etwa zehn Gängen oder mehr.

Nach dem Essen reichten die Diener nochmals die Schalen mit dem Waschwasser herum und trugen anschließend die Tische aus dem Saal (die Tafel wurde aufgehoben). Manchmal blieben die Herren noch zu einem Trunk sitzen.

Kreuze die richtigen Behauptungen an und verbessere die falschen:

- ☒ Das Wichtigste beim Festessen war, dass es möglichst viel zu essen gab.
- ☐ Das Festessen fand meistens *am Abend* statt.
- ☒ Zuerst wurden die Tische hereingetragen.
- ☐ Die Knappen brachten Waschwasser *zum Händewaschen*.
- ☒ Mehrere Leute aßen aus der gleichen Schüssel.
- ☐ Das wichtigste Besteck war *das Messer*.
- ☐ Zwischen den Gängen wurde meistens *Wein und Wasser aus Schalen oder Bechern getrunken*.
- ☐ Am Schluss blieben die *Herren* noch länger zusammen sitzen.

Lösung
Die Waffen der Ritter (S. 76)

a) **Das Schwert** war die klassische Waffe des Ritters und diente als Hieb- und Schlagwaffe. Der Ritter trug es auf der linken Seite am Schwertgehänge. Ein kostbares Schwert wurde von Generation zu Generation weitergegeben.

b) **Die Lanze** war die wichtigste Waffe auf dem Schlachtfeld. Es handelte sich um eine Stoßwaffe. Die Lanze wurde im Kampf unter die Achsel geklemmt, der Ritter galoppierte stehend im Steigbügel auf seinen Gegner zu.

c) **Die Armbrust** war eigentlich die Waffe der Fußsoldaten, sie wurde aber auch beim Bodenkampf der Ritter verwendet. Der Bolzen einer Armbrust hat eine hohe Schlagkraft. Ein Nachteil ist, dass das Nachladen viel Zeit beansprucht.

d) **Die Streitaxt** war eine Angriffswaffe aus nördlichen Ländern.

e) **Pfeil und Bogen** wurden ursprünglich als Jagdwaffe eingesetzt, später auch gelegentlich von Armeen übernommen. Es gab gefürchtete Bogenschützen.

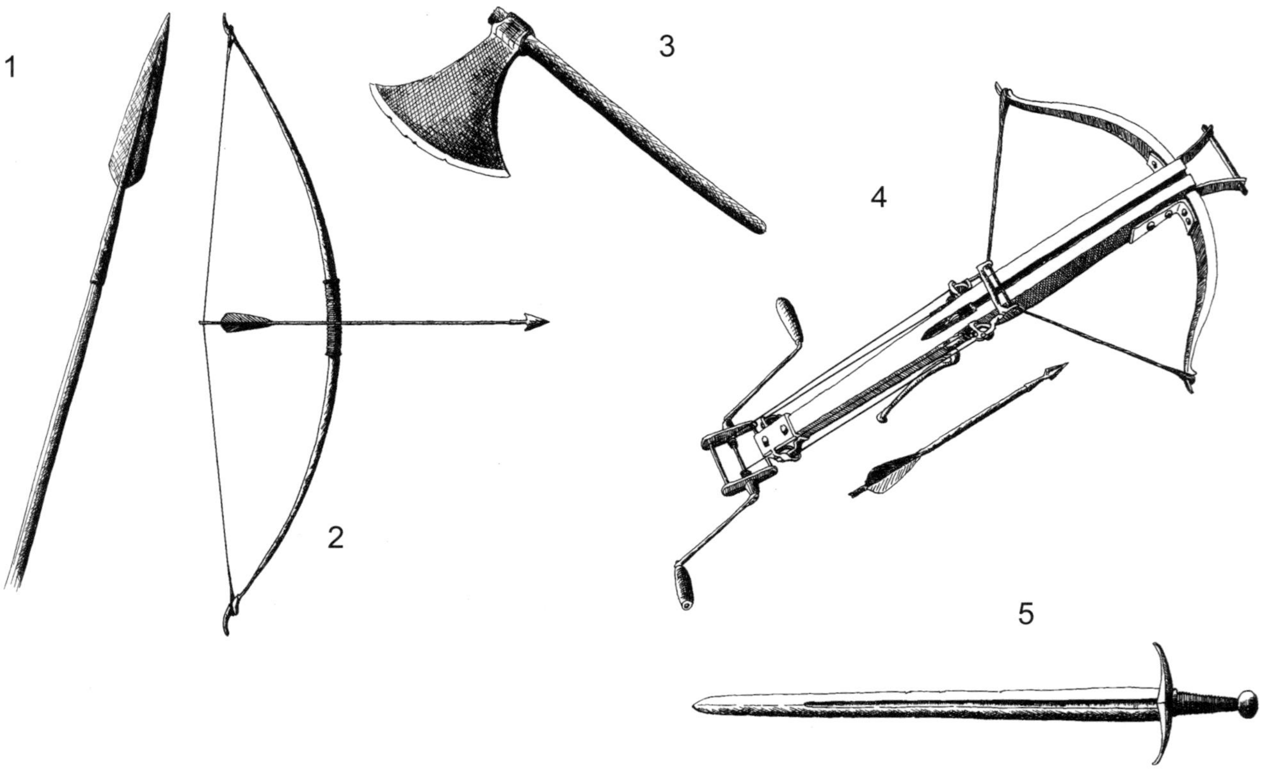

Welches Bild gehört zu welchem Text? Schreibt die zueinander gehörenden Buchstaben und Zahlen auf.

1 b , 2 e , 3 d , 4 c , 5 a

Lernkontrolle
Das Leben der Ritter (1)

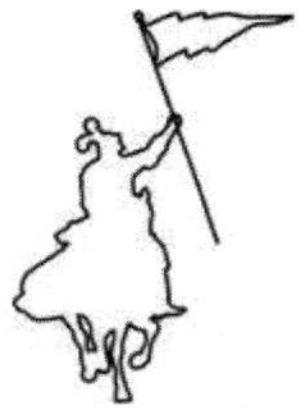

Name: ______________________________

Datum: ______________________________ Punkte: ____

1. Erkläre, was die folgenden Redensarten aus dem Mittelalter bedeuten:

a) Fest im Sattel sitzen:

____

____

b) Auf dem hohen Ross sitzen:

____

____

c) Für jemanden eine Lanze brechen:

____

____

2. Wie wird der Ritterschlag auch noch genannt? Beschreibe die Zeremonie eines Ritterschlags möglichst genau.

____

____

____

____

____

____

____

____

Lernkontrolle
Das Leben der Ritter (2)

Name: ______________________________

Datum: ______________________________ Punkte: ____

3. Nenne drei Waffen der Ritter und gib zu jeder Waffe eine Information oder Besonderheit:

a)	b)	c)

4. Aus welchen Materialien waren die Rüstungen der Ritter?

____________________ und ____________________

5. Warum konnten sich die Ritter in ihren schweren Rüstungen bewegen?

____

____

____

6. Nenne sechs Teile einer Ritterrüstung:

____________________ ____________________

____________________ ____________________

____________________ ____________________

Lernkontrolle
Das Leben der Ritter (3)

Name: ______________________________

Datum: ______________________________ Punkte: ____

7. Erkläre, wer die Ritter waren. Wodurch unterschieden sie sich von den Bauern?

____

____

____

____

____

____

8. In welchen drei Stufen und in welchem Alter erfolgte die Erziehung zum Ritter?

1. Stufe:	mit __________ Jahren
2. Stufe:	mit __________ Jahren
3. Stufe:	mit __________ Jahren

9. Beschreibe die Kultur der Ritter. Worauf legten sie Wert?

____

____

____

____

____

____

Lernkontrolle
Das Leben der Ritter (4)

Name: ____________________________

Datum: ____________________________ Punkte: ____

10. Nenne drei Tätigkeiten, die die Rittermädchen und die Ritterjungen ausführten.

Mädchen			
Jungen			

11. Schreibe je einen Unterschied und eine Gemeinsamkeit dieser Kämpfe auf:

	Unterschied	Gemeinsamkeit
Turnier/Tjost		
Schlacht/Turnier		

12. Was ist ein Turnierkrönlein?

____

____

13. Welche Hauptaufgabe hatte der Burgherr im Mittelalter?

____

____

14. Für welche Bereiche war die Burgherrin zuständig?

____

____

____

Lernkontrolle
Das Leben der Ritter (5)

Name: ______________________________

Datum: ______________________________ Punkte: ____

15. Male zwei der Wappen nach den heraldischen Regeln aus.

16. Kreuze alle richtigen Aussagen an und verbessere die falschen (durchstreichen und richtig hinschreiben).

- ☐ Die Ritter verbreiteten den muslimischen Glauben im Heiligen Land.
- ☐ Die Kreuzritter brachten Salz und Hafer aus dem Orient nach Europa.
- ☐ Die Europäer lernten das Mühlespiel im Orient kennen.
- ☐ Wappen wurden hergestellt, weil man die Ritter in ihren Rüstungen erkennen wollte.
- ☐ Die vier Farben Rot, Blau, Violett und Grün waren bei der Gestaltung der Wappen erlaubt.
- ☐ Die Jagd war im Mittelalter für die Ritter Sport und Vergnügen zugleich.
- ☐ Die Ritter dressierten Adler als Jagdhelfer.

Gesamtpunktezahl: _____

Quellenverzeichnis

Die Informationen zu den Tischsitten (Seite 52) wurden zusammengestellt nach dem Buch von Christa Holtei und Volker Fredrich: Ritterleben auf der Burg, kbv, Luzern 1999

Literaturverzeichnis

Brochard, Ph.: So lebten sie in den Burgen des Mittelalters, Tessloff, Nürnberg

Carlson, L.: Wir spielen Mittelalter. Eine Mappe zum Basteln, Malen, Kochen, Spielen, Lernen, Verlag an der Ruhr, Mühlheim

Funke, C.: Leselöwen: Rittergeschichten, Loewe, Bindlach

Gravett, Ch.: Die Welt der Ritter, Carlsen, Hamburg

Braun, A.: Das Ritter Spiel- und Spaßbuch, Loewe, Bindlach

Gravett, Ch.: Sehen Staunen Wissen: Burgen, Gerstenberg, Hildesheim

Gravett, Ch.: Sehen Staunen Wissen: Ritter, Gerstenberg, Hildesheim

Hindley, J.: So lebten die Ritter, Franz Schneider Verlag, München

Howarth, S.: Das Mittelalter, Karl Müller Verlag, Erlangen

Krautmann, M. und Mennen, P.: Erstes Wissen: Auf einer Ritterburg, Ravensburger, Ravensburg

Langley, A.: Sehen Staunen Wissen: Leben im Mittelalter, Gerstenberg, Hildesheim

Lunkenbein, M.: Mein erstes Frage- und Antwortbuch: Ritter, Loewe, Bindlach

Macdonald, F.: Eine Burg im Mittelalter, Tessloff, Nürnberg

Peschke, H. P.: Was ist Was: Burgen, Tessloff, Nürnberg

Stephan-Kühn, F.: Ritter, Burgen und Turniere, Ravensburger, Ravensburg

Stephan-Kühn, F.: Viel Spaß im Mittelalter, Arena, Würzburg

Steele, Philipp: Das große Buch der Ritter, Tessloff, Nürnberg

Tarnowski, W.: Was ist Was: Ritter, Tessloff, Nürnberg

Walker, J.: 100 faszinierende Tatsachen: Ritter und Burgen, Xenos, Hamburg

